Bibliografische Information der Deutschen Nationalbibliothek:

Die Deutsche Bibliothek verzeichnet diese Publikation in der Deutschen National-
bibliografie; detaillierte bibliografische Daten sind im Internet über http://dnb.d-
nb.de/ abrufbar.

Impressum:

Copyright © 2015 GRIN Verlag, Open Publishing GmbH
Druck und Bindung: Books on Demand GmbH, Norderstedt Germany
ISBN: 978-3-668-03589-8

Dieses Buch bei GRIN:

http://www.grin.com/de/e-book/305615/kindeswohlgefaehrdung-folgen-merkmale-
und-handeln-des-jugendamtes

Alice Nelson

Kindeswohlgefährdung. Folgen, Merkmale und Handeln des Jugendamtes

Was kann in Betroffen ausgelöst werden?

GRIN Verlag

GRIN - Your knowledge has value

Der GRIN Verlag publiziert seit 1998 wissenschaftliche Arbeiten von Studenten, Hochschullehrern und anderen Akademikern als eBook und gedrucktes Buch. Die Verlagswebsite www.grin.com ist die ideale Plattform zur Veröffentlichung von Hausarbeiten, Abschlussarbeiten, wissenschaftlichen Aufsätzen, Dissertationen und Fachbüchern.

Besuchen Sie uns im Internet:

http://www.grin.com/

http://www.facebook.com/grincom

http://www.twitter.com/grin_com

Inhaltsverzeichnis

Abbildungsverzeichnis

1. Einleitung

Die Thematik Kindeswohlgefährdung ist ein sensibles Thema, welches in den letzten Jahren an Bedeutung für die Gesellschaft immer weiter zugenommen hat. Desweiteren ist dieses Thema eine große Herausforderung für Fachleute, die sich damit beschäftigen und auch auskennen. In den letzten Jahren stieg die Anzahl der schwerwiegenden Fälle von Kindesmisshandlung, Kindesvernachlässigung und Kindesmissbrauch massiv und deutlich. Viele Eltern sind überfordert und geraten schnell an ihre eigenen Grenzen, weshalb diese Fälle immer häufiger in Familien auftreten.

Es werden immer mehr Fälle durch die Medien öffentlich gemacht, für viele Betroffene und Angehörige ist Kindeswohlgefährdung ein Tabuthema. Das Umfeld der betroffenen Familien sieht oft nur zu und schweigt, anstatt das Jugendamt zu alarmieren. Deshalb ist es von großer Bedeutung, dass sich Betroffene misshandelte, missbrauchte und vernachlässigte Kinder anderen anvertrauen.

Durch das Bekanntwerden von schwerwiegenden Fällen wird an das Gewissen eines jeden Menschen appelliert. Die schwerwiegenden und langanhaltenden Schäden und Beeinträchtigungen, die Misshandlung und Vernachlässigung von Kindern nach sich ziehen können, müssen den Menschen ins Bewusstsein gerufen werden, damit auch das Umfeld von betroffenen Familien reagiert, statt zuzusehen.

Die Folgen können sowohl physisch (körperlich) als auch psychisch (geistig / seelisch) auftreten. Außerdem können Schulschwierigkeiten, Probleme im Freundeskreis und Kinderverhaltensauffälligkeiten auftreten. Auslöser dafür können schlechte Lebensbedingungen in der Familie sein, wie Trennung und Scheidung der Eltern, Arbeitslosigkeit oder Armut.

Eltern haben das Recht, sich vom Jugendamt Hilfe einzuholen, wenn sie aus eigener Kraft das Wohl ihres Kindes nicht mehr gewährleisten können. Es gibt viele verschiedene Anlaufstellen, die sie in Anspruch nehmen können. Zum einen, die Erziehungsberatung über die soziale Gruppenarbeit, zum anderen die sozialpädagogische Familienhilfe, bis hin zu teilstationären und stationären Angeboten.

Bei der Thematik Kindeswohlgefährdung handelt es sich um ein sehr umfangreiches Thema, deshalb wird in dieser Hausarbeit auf die folgenden Fragestellungen genauer eingegangen.

1. Wann ist das Wohl des Kindes in einer Familie gefährdet?

2. Wann hat das Jugendamt das Recht in die Familie einzugreifen und wie kann es sie in schwerwiegenden Situationen unterstützen?

Im Folgenden wird die Gliederung erläutert:

Zu Beginn werden die beiden Begriffe 'Kindeswohl' und 'Kindeswohlgefährdung' sowie die dazugehörigen Folgen von Kindeswohlgefährdung bei Kindern definiert. Im Anschluss wird auf die Fragestellung, ab wann von einer Kindeswohlgefährdung in der Familie gesprochen wird, eingegangen. Zudem ist es wichtig zu wissen, ab wann das Jugendamt rechtlich in die Situationen eingreifen darf, worin dann auch kurz die Anlaufstellen für Familien und Angehörige aufgezeigt werden. Abschließend erfolgt das Fazit.

2. Kindeswohlgefährdung

2.1 Definitionen

2.1.1 Kindeswohl

Der Begriff ‚Kindeswohl' ist ein unbestimmter Rechtsbegriff, welcher im Grundgesetz nicht klar und auch nicht im Einzelnen definiert ist. Er beschreibt das Wohlergehen eines Kindes im Familienrecht, Adoptionsrecht, im Jugendhilferecht sowie im Recht von Scheidungsfolgen. Kinder haben dieselben Grundbedürfnisse, wie Erwachsene. Dazu zählen Nahrung, Schutz, Pflege und die Versorgung. Ein Kind ist direkt von Geburt an auf seine Eltern angewiesen.[1]

Um das Wohl seines Kindes gewährleisten zu können, müssen die drei kindlichen Bedürfnisse befriedigt werden. Das Bedürfnis nach Existenz („existence"), das Bedürfnis nach sozialer Bindung und Verbundenheit („relatedness") und das Bedürfnis nach Wachstum („growth").[2]

Der US- Amerikanische Psychologe Abraham Maslow stellte eine Bedürfnishierarchie auf, die als Bedürfnispyramide bekannt ist. **Abbildung 2** zeigt die entwicklungspsychologische Kategorisierung Maslow 's in Form einer Bedürfnispyramide entwickelt und angepasst an Kinder. Die Pyramide beschreibt die menschlichen Bedürfnisse und deren Motivation, in einer hierarchischen Struktur. In der folgenden **Abbildung 1** ist die Bedürfnispyramide nach Maslow dargestellt, die als Vorlage für die zweite Abbildung dient.

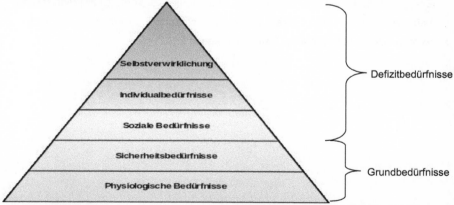

Abbildung 1: Bedürfnispyramide nach Maslow (https://de.wikipedia.org/wiki/Maslowsche_Bed%C3% BCrfnishierarchie)

---

[1] Vgl: (Juraforum, 2013)
[2] Vgl: (Deutsches Jugendinstitut, 2014)

Abbildung 2: Bedürfnispyramide nach Maslow Kinder (http://doll.ejo.de/kindeswohl-und-praevention-seminartag-in-wildeshausen/2014/03/)

Die Physiologische (Hunger, Durst, Sexualität, Bewegung,...) und Sicherheitsbe-dürfnisse (Schutz, Wohnung,...) sind die Grundbedürfnisse des Menschen. Die sozialen Bedürfnisse beinhalten das Bedürfnis nach Gesellschaft, Kontakt, Freundschaft und Liebe, diese Bedürfnisse zählen zu den Defizitbedürfnissen. Desweitern zählen auch dazu die Individualbedürfnisse / Geltungsbedürfnisse (ICH-Bedürfnisse) und die Selbstverwirklichung. Defizitbedürfnisse sind unstillbare Bedürfnisse, welche zur Entwicklung der eigenen Persönlichkeit beitragen.[3]

Erst wenn die Grundbedürfnisse erfüllt sind, können auch die Defizitbedürfnisse befriedigt werden. Wenn diese Bedürfnisse chronisch unzureichend befriedigt werden, spricht man von einer Vernachlässigung.[4]

---

[3] Vgl: (Abraham Maslow, 2013)
[4] Vgl: (www.dresden.de, 2013)

2.1.2 Kindeswohlgefährdung

Der Begriff Kindeswohlgefährdung ist ein unbestimmter Rechtsbegriff der im Einzelfall Interpretation bedarf, da er abschließend nicht definiert ist. Kindeswohlgefährdung wird als Vernachlässigung des Kindes in mehreren Bereichen, im emotionalen, körperlichen und erzieherischem Bereich beschrieben, als auch Missbrauch oder Gewalt durch Eltern oder auch durch dritte Personen und das unverschuldete Elternversagen.

Bei der Kindeswohlgefährdung muss zwischen Kindesvernachlässigung und Kindesmisshandlung unterschieden werden. Kindesvernachlässigung tritt in Form von Verwahrlosung auf, dies bedeutet, dass dem Kind die eigenen Grundbedürfnisse (Hygiene, Nahrung, Kleidung, Schutz, Betreuung, gesundheitliche Fürsorge, etc.) entzogen und verweigert werden.

Kindesmisshandlung tritt in verschiedenen Formen auf, zum Beispiel, körperliche Misshandlung (Schläge, Tritte, Haare reißen, Schütteln, etc.), sexuelle Misshandlung (sexuelle Handlungen am Kind oder vom Kind gefordert , streicheln oder küssen gegen des Kindeswillen, Verletzung der altersgerechten Intimität) und/ oder emotionale Misshandlung (Herabsetzung, Entwertung, Beschimpfung, Bindungs- und Beziehungsverweigerung, etc.).

„Kindeswohlgefährdung ist eine andauernde oder wiederholte Unterlassung fürsorglichen Handelns durch sorgeberechtigte oder sorgeverantwortliche Personen, welches zur Sicherstellung der seelischen und körperlichen Versorgung des Kindes notwendig wäre.“[5]

Wenn Überforderung und Unkenntnis der Eltern überhandnimmt spricht man von passiver Kindeswohlgefährdung/ Kindesvernachlässigung.

"Sie entsteht aus mangelnder Einsicht, Nichterkennen von Bedarfssituationen oder unzureichenden Handlungsmöglichkeiten der sorgeberechtigten Personen."[6]

Beispiele für passive Vernachlässigung sind das Alleinlassen über einen unangemessen langen Zeitraum, Vergessen von notwendigen Versorgungsleistungen, unzureichende Pflege, Mangelernährung etc.).

---

[5] (Landkreis Saalfeld-Rudolstadt, 2009)
[6] (www.vogtlandkreis.de)

Aktive Kindeswohlgefährdung/ Kindesvernachlässigung ist dann gegeben, wenn Eltern die Vernachlässigung und ihr "falsches" Handeln selbst erkennen, jedoch keine Hilfe annehmen wollen oder die Vernachlässigung selbst herbeiführen. Hierbei handelt es sich um die wissentliche Verweigerung von Handlungen zur Befriedigung kindlicher Bedürfnisse, wozu die Verweigerung von Versorgung, Körperhygiene, Nahrung, Schutz, Liebe, etc. zählen.

Wenn kindliche Lebensbedürfnisse, also bestimmte Versorgungsleistungen materieller, emotionaler und kognitiver Art ausbleiben bzw. unbefriedigt bleiben, spricht man von Vernachlässigung. Bei Kindesvernachlässigung oder Kindesmisshandlung liegt eine akute Kindeswohlgefährdung vor.

Kindeswohlgefährdung verursacht große Schäden, in der Persönlichkeitsentwicklung, schwere emotionale, seelische, körperliche und geistige Entwicklungsstörungen und hinterlässt Bindungsstörungen. Bleibende Schäden können als Folge auftreten, diese können sogar bis hin zum Tod führen.[7]

Eine Checkliste zur fachlichen Einschätzung einer möglichen Kindeswohlgefährdung nach §8a SGV VIII wurde vom Diözesan-Caritasverband veröffentlicht. Diese befindet sich im Anhang dieser Hausarbeit.

2.2 Folgen von Kindeswohlgefährdung

Kindeswohlgefährdung nach §1666 Abs. 1 Bürgerliches Gesetzbuch: *„Wird das körperliche, geistige oder seelische Wohl des Kindes oder sein Vermögen gefährdet und sind die Eltern nicht gewillt oder nicht in der Lage, die Gefahr abzuwenden, so hat das Familiengericht die Maßnahmen zu treffen, die zur Abwendung der Gefahr erforderlich sind."*

---

[7] Vgl: (www.vogtlandkreis.de)

Es gibt viele unterschiedliche Folgen von Kindeswohlgefährdung, dennoch ist in Deutschland die am häufigsten auftretende Gefährdung die Kindesvernachlässigung. Es lässt sich untersuchen, dass es Unterschiede in den Folgen von Kindeswohlgefährdung bei den betroffenen Kindern geben kann. Die Folgen können so gravierend sein, dass sie zum Tod des Kindes führen können.

Schon bereits im Säuglingsalter führen Vernachlässigungen dazu, dass die Kinder später das Gefühl von Urvertrauen erst gar nicht entwickeln, aufgrund der Angst erneut enttäuscht zu werden. Jedes Kind verarbeitet und empfindet das Geschehene auf seine eigene Weise. Das eine Kind kann das Erlebte besser verarbeiten und empfindet somit anders als ein anderes Kind.

Es ist schwer feste Folgen zu benennen, die auf jedes Kind gleich zutreffen. Um Allgemeine Folgen zu benennen kommen die die körperlichen Folgen infrage, da sie bei vielen vernachlässigten Kindern in ähnlicher Weise auftreten. Bei einer Kindesvernachlässigung kommt es oft zu Untergewicht, vermindertem Wachstum, Rückständen in der körperlichen Entwicklung, hohe Infektanfälligkeit, unversorgte Krankheiten und unzureichende Körperhygiene. Verletzungen die Kinder sich nicht selbst zugefügt haben können, z.B. durch einen Sturz oder beim Spielen mit Anderen, können Anzeichen für Kindesmisshandlung sein.

Typische Anzeichen sind Hämatome, Brandwunden oder Frakturen. Geschlechtskrankheiten können bei Kindern durch sexuelle Gewalt auftreten, ebenso können Verletzungen im genitalen, analen oder oralen Bereich auftreten. Neben den genannten Folgen können noch weitere, psychosomatische Folgen, wie Schlafstörungen, Einnässen und Einkoten, Selbstverletzungen (wie z.B. durch Ritzen) oder auch Essstörungen auftreten.

Psychische Folgen sind nicht pauschal zu benennen, da sie bei jedem Kind unterschiedlich ausfallen können. Häufig treten bei vernachlässigten Kindern mit Gewalterfahrung Ängste, Selbstunsicherheit und Depressionen, aber auch Unruhe und Aggressionen auf. Häufige Folgen für sexuelle Gewalterfahrungen sind extreme Scham - und Schuldgefühle, die im Umgang mit anderen Menschen Angst zeigen und den Kontakt zu ihnen meiden.

Wobei es auch genau anders sein kann, oft sind Kinder im Umgang mit dem jeweiligen anderen Geschlecht sehr offen und distanzlos, infolgedessen werden sie oft zu Prostituierten oder Strichern, um ihre Vergangenheit und das Geschehene zu verarbeiten bzw. zu verdrängen.

Mädchen und Jungen fallen meist durch unsoziales Verhalten auf und zeigen eine geringe Frustrationstoleranz. Psychische Folgen können Auswirkungen auf die kognitive Entwicklung der Kinder haben und Sprachprobleme (z.b. Sprachvermögen) verursachen. Es kann außerdem zu Konzentrationsschwierigkeiten (z.B. Probleme in der Schule), Wahrnehmungsstörungen, Bindungsstörungen, Auffassungsstörungen bis hin zu einer diagnostizierbaren Lernbehinderung der Kinder kommen.

Der kindliche Forschungsdrang, das bedeutet, das Interesse die unbekannte Welt zu erkundigen, kann durch all das genannte eingeschränkt werden. Die aktive Aneignung von Fähigkeiten durch sie selbst, kann verzögert bzw. verhindert werden. Es ist für Kinder ebenfalls nicht einfach, wenn ihre Eltern sich trennen, da Kinder oft die Schuld dafür bei sich suchen, welches oft Folgen für ihre Persönlichkeitsentwicklung haben kann. Desweiteren haben diese Kinder später oft Ängste, in Liebesbeziehungen enttäuscht zu werden. Dadurch erfolgen auch häufiger stationäre Behandlungen in psychiatrischen Einrichtungen.[9]

Kinder von suchtmittelabhängigen Eltern übernehmen meist früh Verantwortung für sich selbst. Selbstständigkeit steht an oberster Stelle, Haushalt neben der Schule gehört zum alltäglichen Leben. Die Kinder fühlen sich verpflichtet die Elternrolle zu übernehmen und für jüngere Geschwister zu sorgen. Selbstverwirklichung und Ausleben ihres Kindseins wird dadurch völlig verhindert.[10]

Eine weitere Folge für Kinder tritt durch die negierte Schwangerschaft auf, (engl.: „denial of pregnancy", übersetzt Verleugnung der Schwangerschaft) von der es drei Typen gib. Wobei der zweite Typ nach Miller zutrifft, die affektive Verdrängung, wenn werdende Mütter sich ihrer Schwangerschaft bewusst sind, sich aber weder emotional noch körperlich auf die Schwangerschaft - und die folgende Elternschaft - vorbereiten. Meist kommt diese Form bei Suchtabhängigen Frauen

---

[9] Vgl: (Lehmkuhl & Lehmkuhl, 1997)
[10] Vgl: (Rennert, 2012)

vor, da sie den weiteren Konsum rechtfertigt und von der Schuld einer möglichen Schädigung des Ungeborenen befreit.

Häufig können Mütter dann keine Bindung zu ihren Kindern aufbauen, und somit können sie ihren Kindern keine Liebe, Zuneigung, etc. vermitteln. Dies ist sehr schlimm für Kinder, wenn sie wissen, dass sie niemals gewollt waren. Oft verkehren die Kinder in falschen Kreisen, greifen zunächst zu legalen Drogen, wie Zigaretten und Alkohol. Oft folgen danach auch die illegalen und „härteren" Drogen wie Kokain, Heroin usw. Als Folge des Drogenkonsums und der erlebten Gewalt werden sie selbst kriminell und wenden Gewalt an. Dabei kann es auch dazu kommen, dass die Jugendlichen bzw. jungen Erwachsenen ins Gefängnis kommen.[11]

Zum Tod kann es z.B. durch die Krankheit, Münchhausen-by-proxy-Syndrom, (Münchhausen: Erinnerung an den Lügenbaron Münchhausen, Lügengeschichten werden verbreitet; „by-proxy", deutsch: stellvertretend, Lügengeschichten werden stellvertretend über das Kind erzählt) welche, in fast allen bekannten Fällen, überwiegend durch die leibliche Mutter in Erscheinung tritt, kommen. Dieses Syndrom beinhaltet, dass die / der Sorgeberechtigte Krankheiten mit frei erfundenen Geschichten vortäuscht. Dabei erfinden sie Symptome oder erzeugen selbst gesundheitliche Störungen, zum Beispiel werden nicht vorhandene Blutungen mit Farbstoffen herbeigeführt oder Fieber vorgetäuscht. Oder um selbst eine gesundheitliche Störung zu erzeugen, verabreichen sie ihrem Kind Medikamente. Bei Arztbesuchen ist die Mutter dann sehr um das Wohl ihres Kindes besorgt und wirkt sehr fürsorglich. Dadurch setzen die jeweiligen Personen die Gesundheit und somit das Leben ihres Kindes aufs Spiel.[12]

---

[11] Vgl: (Lux, 2005)
[12] Vgl: (Arbeit, 2015)

2.3 Merkmale der Fälle von Kindeswohlgefährdung

Die „Opfer" von Kindeswohlgefährdung sind meist Säuglinge und Kleinkinder, da sie noch auf ihre Eltern oder Sorgeberechtigten angewiesen sind. Sie sind noch völlig hilfebedürftig bzw. hilfeabhängig aufgrund ihres Alters und Entwicklungsstandes, sie sind noch nicht in der Lage sich Hilfe von Anderen, also von Dritten zu holen, oder die Gefahrensituation eigenständig zu verlassen.

Wenn man die Fälle von Kindeswohlgefährdung betrachtet, handelt es sich meist um junge, alleinerziehende Mütter in schlechter finanzieller Lage, die schnell mit sich und der momentanen Situation überfordert sind. Die soziale Situation spielt dabei eine sehr große und wichtige Rolle, die den professionellen Helfern / Helferinnen zur Sensibilisierung und Orientierung dient. Hierzu zählen Leben in einem kriminellen Milieu, Alkohol - und Drogenabhängigkeit, polizeiliche Auffälligkeiten (z.B. körperliche Übergriffe, regelmäßige Konflikte, etc.) und / oder häufige Partnerwechsel.

Oft sind es die Folgen der Eltern aus deren eigenen Kindheit, dass sie selbst Erfahrungen mit Gewalt, Suchtproblematiken der Eltern oder Vernachlässigungen machen mussten. Ebenso kann auch ein Merkmal sein, wenn Eltern an einer akuten und/ oder einer chronischen Belastung, wie Krankheit oder Sucht und mangelnde Bewältigungsstrategien, sowie gravierende Beziehungs- und Partnerkonflikte leiden.

3. Handeln des Jugendamtes

3.1 Hilfestellung für Familien in der Erziehung

"Wird festgestellt, dass im konkreten Einzelfall ohne eine sozialpädagogische Hilfe eine dem Wohl des Kindes / Jugendlichen entsprechende Erziehung nicht gewährleistet werden kann und ein auf die Situation ausgerichtetes Angebot der erzieherischen Hilfe für die Entwicklung des Kindes / Jugendlichen geeignet und notwendig ist (§ 27 Abs. 1), so besteht für die Personensorgeberechtigten ein Rechtsanspruch auf diese Hilfe."

Wie bereits am Anfang erwähnt, gibt es unterschiedliche Formen von Hilfe zur Erziehung von Kindern und Jugendlichen, für Eltern, vom Jugendamt. Das Angebot der Hilfestellungen ist groß und flexibel, um möglichst auf jedes einzelne Problem eingehen zu können und eine gerechte Erziehung zu gewährleisten. In der heutigen Zeit ist es sehr schwierig seinen Kindern gerecht zu werden und somit eine positive und gerechte Erziehung zu leisten. Durch die unterschiedlichen Lebensformen, (z.B. durch die Rollenverteilung, Patchworkfamilien, Ein-Kind und Ein-Elternteil- Familie) die sich ebenso mit der Zeit gewandelt haben zählen darunter.

Im Folgenden sind verschiedene Hilfearten, die durch (§§ 28-35 SGB VIII) angeboten werden, erläutert und zusammengefasst:

a) Erziehungsberatung (§ 28 SGB VIII)

Die Erziehungsberatung findet in Einrichtungen oder in gesonderten Beratungsstellen statt. Die Beratung unterstützt Familien, bei Familienfragen, Klärung und Bewältigung von familienbezogenen Problemen und Schwierigkeiten in der Erziehung.

Es wird auf eine multidisziplinäre Zusammenarbeit (Sozialarbeiter / Sozialarbeiterinnen / Mediziner und Psychologen) durch das Gesetz ausdrücklich bestanden und   hingewiesen.

b) Soziale Gruppenarbeit (§ 29 SGB VIII)

Dies ist für ältere Kinder und Jugendliche bedacht, die dadurch ihre Entwicklungsstörungen und Verhaltensstörungen in einer Form des sozialen Lernens in einer
Gruppe überwinden sollen. Der Bedarf dafür wird zusammen mit dem Jugendamt
überprüft. Dies soll Kindern und Jugendlichen helfen, sich auf soziale Gruppen
(z.B. Sportvereine, Freizeitgruppen, etc.) vorzubereiten.

c) Erziehungsbeistand, Betreuungshelfer (§ 30 SGB VIII)

Der Erziehungsbeistand und Betreuungshelfer soll Kindern und Jugendlichen bei
der Bewältigung von Entwicklungsproblemen und mit Rat beistehen und die Ver-
selbstständigung fördern. Nicht nur Kinder und Jugendliche werden von sozialpä-
dagogischen Fachkräften im Alltäglichen (z.B. bei den Hausaufgaben) unterstützt,
sondern auch die Eltern. Erziehungsbeistandschaften sind in der Regel längerfris-
tig angelegt. Beratungsgespräche werden mit den Erziehungsberechtigten zusammen durchgeführt.

d) Sozialpädagogische Familienhilfe (§ 31 SGB VIII)

Dies geschieht mit einem genannten Familienhelfer, der die Familie durch intensive Betreuung und Begleitung in ihren Erziehungsaufgaben unterstützt, welches
über einen längeren Zeitraum verläuft. Es soll das Auseinanderfallen der Familie
und auch die Herausnahme des Kindes bzw. des Jugendlichen aus der Familie
verhindert oder mildern. Diese Maßnahme ist freiwillig und Bedarf Mitarbeit der
Familie im Rahmen ihrer Möglichkeiten.

e) Erziehung in einer Tagesgruppe (§ 32 SGB VIII)

Dies ist eine Hilfemaßnahme für Kinder und Jugendliche, die unter Lebens- und
Alterssituationen Störungen aufweisen, woraufhin sie den von ihrem Umfeld er-
warteten Leistungen nicht gerecht werden können. Daraus können Folgen, wie
z.B. Angstzustände, Leistungsverweigerung, Konzentrationsschwierigkeiten, häufige Wutausbrüche, übertriebene Anpassungsstörungen und auch Entwicklungsstörungen entstehen. In der Gruppe soll die Entwicklung durch soziales Lernen,
Begleitung der schulischen Förderung und Elternarbeit gefördert und unterstützt
werden.

f) Vollzeitpflege (§ 33 SGB VIII)

Die Vollzeitpflege ist eine Unterstützung für Eltern die aufgrund z.B. einer Krankheit oder anderen Lebensumständen mit der Erziehung ihres Kindes überfordert sind und dies dann aus der Familie genommen wird und in eine Pflegefamilie kommt. Entweder wird das Kind wieder zu seiner Herkunftsfamilie zurück geführt oder dies bleibt eine dauerhafte Lösung.

g) Heimerziehung, sonstige betreute Wohnform (§ 34 SGB VIII)

Hierbei soll angestrebt werden, dass das Kind oder der / die Jugendliche wieder zurück in seine / ihre Herkunftsfamilie soll und ein weiteres Ziel ist es auf ein selbstständiges Leben vorzubereiten. Mithilfe von pädagogischen und therapeutischen Angeboten, bezogen auf das Alltagserleben, sollen sie in ihrer Entwicklung gefördert werden.

h) Intensive sozialpädagogische Einzelbetreuung (§ 35 SGB VIII)

Der Betreuungsschlüssel bei intensiver sozialpädagogischer Einzelbetreuung liegt bei 1:1, dies wird dann eingeleitet, wenn der Jugendliche bereits heim- oder pflegefamiliengeschädigt ist. Die Einzelbetreuung soll den Kindern und Jugendlichen besonders in Fällen, wenn sie sich z.B. im Punker-, Prostituierten-, Drogen- oder Nichtsesshaften-Milieu befinden, gewährt werden. Die sich erfahrungsgemäß aus anderen Hilfen der Jugendhilfe entziehen und ohne die intensive Einzelbetreuung als ältere Jugendliche auf Dauer in Heimen oder in Psychiatrien untergebracht werden.

4. Fallbeispiel

4.1 Beschreibung

Michael und Michaela sind beide Suchtmittelabhängig. Sie sind seit 3 Jahren ein Paar und wohnen seither in einer gemeinsamen Wohnung, da sich die Beziehung seit einigen Monaten in einer Krise befindet.

Momentan konsumiert Michael regelmäßig Alkohol und THC, weshalb er einen erneuten Entzug startet. Michaela trinkt gelegentlich Alkohol und konsumiert Kokain und Speed. Sie verhütet nicht, Michael könne den Zyklus komplett errechnen. Nachdem er aus der Klinik kommt und einen wiederholten Rückfall baut, haben sie unter Alkoholeinfluss Geschlechtsverkehr, wobei dann das gemeinsame Kind entsteht. Michael gibt an, durch den Klinikaufenthalt durcheinander gekommen zu sein.

Während der Schwangerschaft konsumiert Michaela weiterhin Kokain, Speed und Zigaretten. Es kommt zu einer Frühgeburt, dennoch leidet das Baby nicht an gesundheitlichen Folgen. Zu Hause trinkt der Kindsvater weiterhin. Das Baby liegt mitten im Geschehenen, schläft auf der Couch und nicht in Ruhe in seinem Bett. Die Kindsmutter trinkt weiterhin ab und zu, konsumiert aber regelmäßig ihre Drogen, Kokain und Speed. Das Baby wird zu Beginn vernachlässigt, wird selten gewaschen und die Finger- und Fußnägel wachsen so stark, dass es sich vermehrt aufkratzt. Der Säugling ist es dennoch bereits gewohnt und weint kaum bis nie.

4.2 Analyse

Hierbei handelt es sich deutlich um eine Kindeswohlgefährdung. Man kann sagen, dass es zwar mit Liebe und ständiger Zuneigung umsorgt wird, aber es in der Körperhygiene vernachlässigt wird aufgrund von Überforderung, Angst etwas falsch zu machen, Bequemlichkeit und „Nichtswissen". Der Säugling bekommt keine Ruhe, aufgrund des ständigen Geräuschpegels der Eltern, des Besuchs und des Fernsehers. Es gibt keine festen Zeiten, wann das Kind schläft. Die Kindsmutter nimmt es mit, bis spät abends und fährt dann mit ihrem eigenen Kind Auto, obwohl sie unter Einfluss von Drogen steht.

5 Fazit

Kindeswohlgefährdung ist weiterhin ein aktuelles, akutes und sehr komplexes Thema. Es ist ein sehr belastendes Thema für die Jugendämter, da auch sie nicht alle Fälle erkennen und auch nicht bewältigen können. Für die Gesellschaft ist es ein erschreckendes Thema, da es sehr oft in den Medien präsent ist, denn viele Gefährdungen der Kinder zeigen oft auf, auf welche grausame Weise sie enden können, teilweise bis zum Tod.

Es ist ziemlich schwer, beschreibt das Jugendamt, Fälle aufzudecken, da es sich oft um eine nicht einsehbare klare Problematik handelt, rechtliche Grenzen ihres Handelns und auch wenig Einsicht und Kooperationsbereitschaft der Eltern darbietet. Familienverhältnisse und Strukturen werden meist nicht hinreichend erfasst, oftmals fehlen auch viele wichtige Informationen zu den Biografien (Gewalterleben und weitere Informationen der Herkunftsfamilie, Drogen, Alkohol, Kriminalität, sexueller Missbrauch, etc.), welches für die Klärung oftmals sehr hilfreich ist.

Für manche ist es nicht nachvollziehbar, warum das Jugendamt manche Fälle nicht bearbeiten kann, die dann zum Tode fallen, es ist aber auch oft so, dass viele Mitwissenden schweigen und nichts an Dritte bzw. somit Vierte, das Jugendamt oder an die Polizei weitergeben. Für Eltern ist diese Situation oft auch nicht einfach diese sich einzugestehen und Hilfe anzunehmen, obwohl es viele unterschiedliche Hilfemaßnahmen gibt, die sie in der Erziehung unterstützen können. Denn wenn man das Kind aus der Familie nimmt, heißt es nicht unbedingt, dass es für immer sein muss, sondern vorab nur für einen Zeitraum, wie bereits in den vorherigen Absätzen beschrieben.

Ich denke, dass man sehr viel Erfahrung in diesem Arbeitsfeld benötigt, um mit gewissen Situationen richtig umgehen zu können. Es stellt ebenso eine riesige Herausforderung dar, da es ein hartes und schwieriges Arbeitsfeld ist, vor allem für die eigene psychische Belastung. Mir hat die Auseinandersetzung mit dieser Thematik sehr viel Freude bereitet, da ich nun mehr an Wissen erlangt habe, zumal es ein sehr wichtiges und interessantes Thema ist und es mir mit Sicherheit in meinem Berufsleben begegnen wird.

Literaturverzeichnis

Abraham Maslow. (2013). Abgerufen am 10. März 2015 um 14:44 Uhr von http://www.abraham-maslow.de/beduerfnispyramide.shtml

Arbeit, I. e. (2015). *http://www.kinderschutz-in-nrw.de/.* Abgerufen am 16. März 2015 um 12:22 Uhr von http://www.kinderschutz-in-nrw.de/fuer-erwachsene/kindeswohl/erscheinungsformen-der-kindeswohlgefaehrdung/erziehungsgewalt-und-misshandlung.html

Deutsches Jugendinstitut. (17. Januar 2014). Abgerufen am 20. März 2015 um 11:20 Uhr von http://www.dji.de/index.php?id=40791

Juraforum. (01. Juni 2013). Abgerufen am 18. März 2015 18:00 Uhr von http://www.juraforum.de/lexikon/kindeswohl

Landkreis Saalfeld-Rudolstadt. (22. September 2009). Abgerufen am 14. März 2015 um 16:32 Uhr von http://www.sa-ru.de/%28S%281g01fqmbmc5lpgivxnkumnbu%29%29/info.aspx?idr=3bd2cd9c-a7c2-4758-8627-4128146d0b8a

Lehmkuhl, U., & Lehmkuhl, G. (1997). *Scheidung - Trennung - Kindeswohl. Diagnostische, Therapeutische und Juristische Aspekte.* Weinheim: Deutscher Studienverlag.

Lux, D. F. (2005). *Nobody's Child. Der Junge, den niemand wollte. Eine wahre Geschichte.* Gießen: Brunnen Verlag.

Rennert, M. (2012). *Co-Abhängigkeit. Was Sucht für die Familie bedeutet.* Freiburg im Breisgau: Lambertus Verlag.

Wikipedia. (23. März 2015). Abgerufen am 24. März 2015 um 12:05 Uhr von http://de.wikipedia.org/wiki/Maslowsche_Bed%C3%BCrfnishierarchie

www.dresden.de. (Mai 2013). Abgerufen am 12. März 2015 um 14:10 Uhr von http://www.dresden.de/media/pdf/jugend/1_Kindeswohl_und_Kindeswohlgefaehrdung_Mai_2013.pdf

www.nordkurier.de. (kein Datum). Abgerufen am 14. März 2015 um 16:40 Uhr von http://www.nordkurier.de/sites/default/files/styles/artikel_bild_640px/public/dcx/2014/11/23/doc6i1m5y3zggki2dj1oo1__file6h5ms5wnh7l1ma9mj1dx.jpg%3Fitok%3DP9SWCyPB

www.vogtlandkreis.de. (kein Datum). Abgerufen am 14. März 2015 um 17:30 Uhr von http://www.vogtlandkreis.de/formulare/Notfall%202.pdf

BEI GRIN MACHT SICH IHR WISSEN BEZAHLT

- Wir veröffentlichen Ihre Hausarbeit,
  Bachelor- und Masterarbeit

- Ihr eigenes eBook und Buch -
  weltweit in allen wichtigen Shops

- Verdienen Sie an jedem Verkauf

Jetzt bei www.GRIN.com hochladen
und kostenlos publizieren

Lightning Source UK Ltd.
Milton Keynes UK
UKHW010842030619
343780UK00002B/509/P